LE TOMBEAU DE MAUSOLE

Tête de la Statue de

MAUSOLE

avant la restauration.

LE TOMBEAU

DE

MAUSOLE

D'APRÈS LES HISTORIENS ANCIENS
ET LES DÉCOUVERTES DE M. C.-T. NEWTON, A HALICARNASSE

PAR

Ch. RŒSSLER

Secrétaire de la Société Impériale Havraise, Membre de la Société des
Antiquaires de Normandie, de la Société Archéologique de la
Grande-Bretagne, etc.

PARIS

Aug. DURAND & PEDONE-LAUDRIEL, 9, RUE CUJAS

(ANCIENNE RUE DES GRÉS)

—

HAVRE

IMPRIMERIE LEPELLETIER

1870

LE TOMBEAU DE MAUSOLE

**d'après les historiens anciens et les découvertes de
M. Newton à Halicarnasse.**

I.

De toutes les époques auxquelles le génie de l'homme s'est
manifesté par des créations qui font l'honneur d'un siècle ou
d'un peuple, aucune peut-être n'a laissé de plus brillants
souvenirs que celle comprenant le ıv^e et le ve siècle avant
Jésus-Christ.

Sans parler des immortels travaux de Pythagore, de Platon,
de Socrate et des nombreux philosophes qui illustrèrent cette
belle période de l'intelligence, interrogeons les auteurs qui
nous ont peint l'histoire des Grecs. Nous y trouverons la
preuve d'une civilisation où la noblesse des sentiments se
manifestait sous toutes les formes. L'esprit public qui, auprès
d'un gouvernement politique digne de l'estime de chacun,
créait des voies dans lesquelles trouvaient leur place les
innombrables productions des grands artistes, ces autres rois
de la pensée ; la rectitude du jugement, qui proclamait la
supériorité spiritualiste de l'homme ; la douceur et la sensi-
bilité des mœurs qui faisait dire que ce n'était qu'à Athènes
qu'on savait compatir aux maux d'autrui, qui, dans les guerres

fuyait les horreurs des réprésailles sur les faibles et, dans les jeux publics, excluait les cruels spectacles dont les Romains devaient faire des écoles de barbarie nationale ; tout cela n'était que le résultat naturel et nécessaire de l'équilibre et de l'harmonie morale basée sur la recherche sincère du beau et du vrai.

Si, par l'étude de l'ensemble, nous pouvons nous rendre un compte véritable de l'état des choses à cette époque, nous ne devons pas nous flatter de posséder un nombre suffisant de souvenirs des arts libéraux pour juger en dernier ressort du rang auquel surent atteindre tant d'illustrations helléniques que nous ne connaissons guère que de nom. La peinture et la musique, par exemple, nous ont laissé de si faibles restes que nous pouvons même douter si la science pourra jamais exercer une critique vraiment impartiale. Aussi devra-t-on repousser, comme reposant sur des bases trop peu solides, les jugements parfois sévères et les parallèles désavantageux pour les anciens que l'on a pu prononcer après l'étude des quelques morceaux presque insignifiants laissés par ces deux branches de l'art aux beaux temps de la Grèce.

La musique surtout !.... Comment croire que, dans un pays où la poésie et la sculpture révèlent un sentiment esthétique si vif et si profond, on ait dû se borner à ne tirer de la lyre ou de la voix humaine que quelques phrases qui choquent nos oreilles, à ne pas découvrir les lois, toujours les mêmes, de l'harmonie?...... Si les éléments de l'ancienne composition musicale nous échappent parfois ou nous paraissent difficile-ment explicables, reconnaissons que lorsque nous avons voulu créer un nouveau mode de notation en remplaçant la portée par des chiffres ou des lettres placés au-dessus des syllabes, nous n'avons fait que ressusciter un systême déja pratiqué par les Grecs plus de deux mille ans avant nous. Nous ne voulons pas dire par là que l'ancien mode, mis au service de nos jours à la vulgarisation, soit d'un usage général préférable à celui qui, au temps de Guido d'Arezzo, parut une si belle découverte. Mais ce résultat acquis aujourd'hui, que la

musique est peut-être le plus avancé de nos arts libéraux,
est de nature à nous inviter à une certaine circonspection
dans nos jugements.

L'architecture et la sculpture, en revanche, nous dédom-
magent amplement de ce que nous avons pu perdre du
côté des autres branches artistiques. Plus nous étudions les
productions du ciseau grec, plus nous nous trouvons forcés
de reconnaître que malgré le goût que l'on s'est efforcé de
propager de notre temps pour les arts dépendant du dessin,
les contemporains de Périclès et d'Alexandre nous sont encore de beaucoup supérieurs.

Les éléments sont loin de nous manquer pourtant. Au
contraire, ils n'ont peut-être jamais été si abondants. Que
nous manque-t-il donc ? Serait-ce un peu de cette harmonie
qui n'avait pas besoin de restreindre la recherche dans une
unité de direction impossible aujourd'hui ? — Grande ques-
tion dont le temps nous donnera peut-être la solution.

Au ve siècle, lorsque le génie d'Ictinus et de Phidias eut
élevé le splendide Parthénon, on pouvait considérer l'art
comme arrivé à son apogée. Phidias, en corrigeant ce que
la sculpture avait encore d'âpre dans sa fermeté un peu
rude, avait presque atteint au sublime. Mais Lysippe et
Praxitèle ses successeurs, en créant le beau style, arrondi-
rent les contours. Déjà sous Alexandre on renchérit sur eux
outre mesure. Bientôt, à force de rondeur et de mollesse, et
les malheurs publics aidant, on devait tomber dans la
décadence.

Au milieu du ive siècle cependant, on était encore éloigné
de prévoir le résultat de certaines innovations dans la
manière de reproduire les personnages. Ces innovations
avaient d'ailleurs leur raison d'être, et ce serait se montrer
peut-être exclusif que de vouloir indiquer l'époque de Phidias comme la plus belle, comme la seule méritant l'admiration des amis de l'antiquité classique. Si le Thésée du
Parthénon nous montre un magnifique type d'homme dans

toute la beauté de sa force, l'Apollon du Belvédère et la Vénus de Milo passeront toujours aux yeux des observateurs pour des représentations où la grâce et la beauté sont si bien rendues qu'il serait difficile de chercher à les surpasser. Il est juste pourtant d'ajouter que le Thésée, avec son attitude moins favorable et ses mutilations regrettables, se montre à nous sous un jour beaucoup moins avantageux que les deux autres statues avec lesquelles nous le mettons en parallèle.

Quel que soit d'ailleurs le rang relatif que le jugement décernera à ces productions, il sera toujours intéressant de comparer entr'elles les diverses écoles helléniques, et de les étudier dans les changements qu'ont pu nécessiter des différences de destinations ou des influences locales auxquelles l'architecture et la sculpture peuvent rarement se soustraire.

A ce point de vue, l'examen du Tombeau de Mausole est particulièrement intéressant.

Lorsque ce monument fut projeté, l'école ionienne avait atteint son apogée en Asie. Vers cette époque, le savant architecte Pithius construisait à Pryène le temple de Minerve. Il en a laissé la description dans un ouvrage où il déclare qu'un architecte doit connaître tous les arts et toutes les sciences, en d'autres termes que l'architecture doit être le résumé fidèle et harmonique de toutes les connaissances de l'époque. L'Asie Mineure possédait une école nationale de sculpteurs qui s'écartaient des principes helléniques. On peut s'en convaincre en examinant le groupe des *Naïades dansant*, placé aujourd'hui au Musée Britannique et provenant du monument d'Harpagus à Xanthe. Un autre ouvrage de la même école, représentant une *Jeune fille dansant*, trouvé à Halicarnasse, dans les fouilles qui précédèrent celles du Mausolée, montre que cette influence s'étendait au-delà de la Lycie, et pourtant le goût athénien était le plus recherché en Asie mineure puisque Cnide, Cos, Alexandrie sur le mont Latmos et Patara en Lycie demandaient à Praxitèle des statues pour leurs temples.

La forme purement grecque ne devait cependant pas être destinée au monument du prince Carien. C'est ce que nous montre la description de Pline, dans laquelle nous retrouvons encore les noms des artistes qui prêtèrent leur concours àl'érection du Mausolée.

« Scopas, dit Pline (livre xxxvie) eut pour rivaux, parmi ses contemporains, Bryaxis, Timothée et Léocharès, dont on doit parler en même temps, puisque tous quatre travaillèrent au tombeau de Mausole, roi de Carie, mort l'an 2 de la centième olympiade. Ce fut grâce à eux surtout que ce monument devint une des sept merveilles du monde. Au Midi et au Nord, ses faces ont soixante-trois pieds ; les deux autres sont moins larges. Le pourtour entier est de quatre cent-onze pieds, et la hauteur de vingt-cinq coudées ; trente-six colonnes forment un péristyle nommé *ptéron*. Le côté du Nord fut l'œuvre de Bryaxis ; celui de l'Est, l'œuvre de Scopas ; celui du Sud, l'œuvre de Timothée ; celui de l'Est, l'œuvre de Léocharès. La reine Artémise (*) qui avait commandé le monument pour honorer la mémoire de son époux, mourut avant qu'il fût achevé. Mais les artistes crurent qu'il y allait de leur gloire et même de l'intérêt de l'art de le terminer. Ils ne le quittèrent donc que lorsque tout fut fini. Un cinquième artiste se joignit à eux pour construire au-dessus du ptéron une pyramide de la même hauteur que le reste de l'édifice, et composé de vingt-quatre degrés toujours décroissants jusqu'à la surface qui le termine. Sur ce sommet, est un quadrige de marbre, ouvrage de Pythis. Cet accessoire donne à la totalité de la construction cent-quarante pieds de hauteur. »

Vitruve est moins explicite : Satyrus et Pythius, dit-il, virent la fortune les combler de ses faveurs, car leur plan fut

---

(*) Artémise était non seulement l'épouse, mais encore la sœur de Mausole. La coutume carienne autorisait de pareils mariages qui, en d'autres pays et en d'autres temps, ont été à juste titre regardés comme incestueux.

réalisé par des artistes dont le talent méritera l'admiration des siècles à venir. Outre Timothée, nommé par quelques-uns, ajoute-t-il, quatre artistes, Léocharès, Bryaxis, Scopas et Praxitèle entreprirent d'orner chacun un des frontons de l'édifice, et la perfection de leur travail a fait nommer ce monument une des sept merveilles du monde.

Satyrus nous est très peu connu. Quant à Pythius, on peut le prendre pour l'architecte du même nom qui construisit le temple de Priène. Non seulement ce temple offre des ressemblances frappantes avec le Mausolée, mais encore il est de la même époque. Car nous savons qu'Alexandre en fit la dédicace dix ans à peine après l'achèvement du Mausolée. Il est d'ailleurs permis de supposer que des travaux aussi importants que ceux du monument d'Halicarnasse avaient été confiés au plus habile architecte de l'époque, et Pythius l'était incontestablement. Peut-être encore était-il lui-même le sculpteur du quadrige placé au-dessus de la pyramide, comme la similitude du nom pourrait permettre de le supposer.

Des six sculpteurs mentionnés par Pline et Vitruve, quatre vinrent d'Athènes. Quant à Timothée on ignore le nom de sa ville natale. Léocharès était déjà célèbre avant le commencement du Mausolée. Son œuvre capitale « Ganymède enlevé par Jupiter sous la figure d'un aigle » était des plus admirés. On lui devait encore la statue colossale d'Hercule qu'on voyait dans le temple de ce dieu sur l'acropole d'Halicarnasse, et après la mort d'Alexandre on le trouve encore cité comme s'occupant de nouveaux travaux.

Bryaxis, jeune comme Léocharès, participa à des ouvrages qui devaient illustrer la période macédonienne. Scopas, au contraire, devait être fort âgé au moment de la construction du Mausolée, si âgé même qu'on aurait le droit de se demander, comme Winkelmann se l'était déjà demandé, si les anciens ont toujours voulu parler du même Scopas ou s'il n'y aurait pas eu deux sculpteurs du même nom.

Quant à Praxitèle — mentionné par Vitruve, et non par Pline dont la description est plus détaillée et a été reconnue pour très exacte — il est douteux qu'il ait travaillé avec les artistes que nous venons de nommer. Les ornements du Mausolée rappellent bien peu son genre de sculpture. Ses statues d'Apollon et de Vénus, ses Cupidons et ses Satyres présentent le plus gracieux et le plus admirable fini du type naturel. — En garde contre le colossal, Praxitèle renferme ses créations dans la limite des proportions humaines, sans toujours même y atteindre. Loin de représenter les attitudes forcées du combat ou du théâtre, il ne songe qu'à reproduire la beauté dans une situation calme, souriante, heureuse ou rêvant au bonheur. Un talent de cette nature ne pouvait trouver son inspiration dans les sujets du monument d'Halicarnasse. La distance entre la sculpture et l'observateur aurait effrayé un artiste qui recherchait la perfection la plus délicate. Nous savons en effet que sa Vénus de Cnide était placée au milieu d'un petit temple où elle était éclairée de toutes parts au moyen de deux portes. Remarquons encore que la frise du Mausolée ne rend pas exactement les proportions humaines. Selon la tradition de l'art au temps d'Alexandre, les têtes y sont petites, les corps minces et les extrémités effilées. Pour les effets nécessaires dans un monument de grandes proportions, cette méthode a son prix. Mais elle ne pouvait convenir à Praxitèle qui, par l'étude des modèles les plus parfaits, s'était accoutumé à reproduire les proportions réelles et n'aurait jamais sacrifié ses principes au plaisir d'obtenir une illusion d'optique, si heureuse qu'elle pût être.

Nous dirons donc avec Pline que les quatre faces furent ornées par Léocharès, Bryaxis, Timothée et Scopas.

Il est assez curieux d'étudier comment les artistes grecs travaillant sous les ordres d'Artémise, et soumis, par conséquent, à l'influence carienne, arrivèrent à mener leur œuvre à bonne fin en se conformant au plan qui dut leur être tracé, tout en se réservant la part la plus large d'individualité possible.

Ce qui attire le plus l'attention dans la description de Pline, c'est la forme même du monument. On s'étonne à bon droit de voir un édifice grec entouré de colonnes et surmonté par une pyramide en étages. Il faut ici voir une influence locale dont on doit tenir compte. Sur la côte, l'Asie Mineure était grecque, mais l'intérieur du pays était demeuré sémite phrygien, carien ou lycien. Ainsi, comme le temple rectangulaire avec ses sculptures helléniques pouvait représenter la civilisation classique, la pyramide pouvait rappeler l'emblême primitif et sacré qui, de l'Egypte à Babylone et des pagodes de l'Inde aux tombeaux des rois de Lydie, manifestait une tradition et une origine asiatiques. Et il est digne de remarque que, si bizarre que puisse paraître cette alliance du soubassement carré et de la pyramide, rien n'a été peut-être si fréquent dans les temps postérieurs à l'érection du Mausolée.

Le Tombeau d'Adrien rappelle la même pensée, avec cette modification que la pyramide est remplacée par la masse ronde qui surmonte encore le château St-Ange actuel. Mais au moyen-âge ce fut un des plus beaux ornements de l'architecture religieuse. On sait, en effet, de quelle manière les architectes de l'Occident ont su tirer parti de la primitive pyramide née dans l'Orient, comment en l'élevant peu à peu pour l'accommoder à l'harmonie de nos sites, ils sont parvenus à en tirer les effets les plus heureux, non seulement dans nos campagnes, mais encore au-dessus des masses tortueuses des maisons de nos anciennes villes. Et d'ailleurs nous voyons encore tous les jours dans nos cimetières reproduire, avec les deux mêmes éléments, des petits modèles que l'on serait peut-être bien étonné de reconnaître pour des reproductions plus ou moins éloignées du tombeau d'Halicarnasse.

Le nombre d'années que resta debout le Mausolée est digne de remarque. Vitruve et Pline le décrivent quatre siècles après sa construction. Lucien loue, cent cinquante ans après J.-C., ses groupes d'hommes et de chevaux pour leur exacte reproduction de la nature et la beauté de leur pierre.

Grégoire, évêque de Nazianze, au quatrième siècle de notre
ère ; Constantin Porphyrogénète, au dixième ; Eudoxie, au
onzième, en font aussi mention. Le dernier témoin byzantin
qui nous en parle, Eustace, disait au XIIe siècle : le Mausolée
a été et est encore une merveille.

Mais au treizième ou au quatorzième siècle le quadrige et
la statue de Mausole furent renversés, probablement par la
foudre ou par un tremblement de terre. C'est à cet accident
que nous devons sans doute d'avoir retrouvé le groupe,
car au commencement du XVe siècle éclatèrent entre les
Turcs et les chevaliers de St-Jean les guerres qui firent
d'Halicarnasse une forteresse et du Mausolée un monceau de
pierres.

A la chute de l'empire romain, dit Claude Guichard, après
le pillage et la destruction de tant de villes riches et popu-
leuses, la vieille et belle cité d'Halicarnasse, d'abord ensevelie
sous ses ruines, devint un chétif village nommé Mézy, livré
à la merci des corsaires et des pirates. Lorsque les chevaliers
de St-Jean de Jérusalem se furent retirés à Rhodes, ils jugè-
rent ce lieu excellent pour la défense et favorable à leur
domination en Asie. Ils construisirent donc à la droite du
port, où se trouvait autrefois le temple de Vénus et de Mer-
cure, un château, encore debout, qu'ils nommèrent la Tour
St-Pierre, puis, séduits par le voisinage de la belle et claire
fontaine de Salmacis, ils bâtirent une seconde citadelle sur
le point opposé.

Jacques Fontanus nous a laissé des détails intéressants sur
ces châteaux qu'il a visités : Les chevaliers de St-Jean occupè-
rent Rhodes en 1309, au moment où les biens des Templiers,
dont ils venaient d'hériter, avaient accru considérablement leur
puissance. Le grand bailli, qui était un chevalier allemand,
selon la coutume — de même que le *turk-thrasher* ou chef de
la cavalerie, était un chevalier anglais — eut à diriger les
constructions. Ce chevalier, nommé Schlegelbolt, employa
pour matériaux une certaine quantité des degrés de la pyramide et quelques autres portions de l'édifice.

Halicarnasse fut visité, en 1472, par une expédition sortie
de Venise sous la conduite de l'amiral Pietro Mocenigo. Le
Dalmate Coriolan Cepio, qui en faisait partie, raconte que les
habitants de la ville, afin d'être plus sûrement gardés, lâ-
chaient toutes les nuits hors de leurs murs plus de cinquante
chiens si bien dressés qu'ils déchiraient les Turcs assez im-
prudents pour les approcher, tandis qu'ils accueillaient les
chrétiens avec caresses et les conduisaient jusqu'aux portes.
Cepio visita le Mausolée dont les restes lui parurent très dis-
tincts au milieu des ruines de l'ancienne ville.

Au XVIe siècle, les luttes entre les chevaliers et les Turcs
devaient encore hâter la destruction du Mausolée. Écoutons
le naïf récit d'un vieil historien :

« L'an 1522, dit Claude Guichard (1), lorsque le sultan
Solyman se préparoit pour venir assaillir les Rhodiens, le
Grand-Maistre sçachant l'importance de ceste place, et que
le Turc ne faudroit point de l'empieter de première abordee,
s'il pouuoit, y enuoya quelques cheualiers pour la remparer
et mettre ordre à tout ce qui estoit nécessaire soustenir
l'ennemi, du nombre desquels fut le commandeur de la
Tourrette, Lyonnois, lequel se treuua depuis à la prise de Rhodes, et vint en France, où il fit de ce que ie vay dire maintenant, le récit à Monsieur d'Alechamps, personnage assez
recongnu par ses doctes escrits, et que ie nomme seulement
à fin qu'on sçache de qui ie tien vne histoire si remarcable.
Ces chevaliers estans arriués à Mésy, se mirent incontinent
en deuoir de faire fortifier le chasteau, et pour auoir de la
chaux, ne treuuant pierre aux enuirons plus propre ny qui
leur vint plus aisee, que certaines marches de marbre blanc,
qui s'esleuoyent en forme de perron emmy d'un champ près
du port, là ou iadis estoit la grande place d'Halycarnasse ils
les firent abattre et prendre pour cest effet. La pierre s'estant
rencontree bonne fut cause que ce peu de maçonnerie, qui

---

(1) Funérailles des Rommains, Grecs, etc. — Lyon 1581.

paroissoit sur terre, ayant esté démoli, ils firent fouiller plus bas en espérance d'en treuuer davantage. Ce qui leur succeda fort heureusement, car ils recongnurent en peu d'heure que de tant plus qu'on creusoit profond, d'autant plus s'eslargissoit par le bas la fabrique, qui leur fournit par après de pierres non-seulement à faire · de la chaux mais aussi pour bastir. Au bout de quatre ou cinq iours, après auoir faict une grande descouuerte par vne après disnée ils virent une ouuerture comme pour entrer dans vne caue; ils prirent de la chandelle et deualèrent dedans, où ils treuuèrent vne belle grande salle carree, embellie tout autour de colonnes de marbre, auec leurs bases, chapiteaux, architraues, frices et cornices grauees et taillees en demy bosse, l'entredeux des colonnes estoit reuestu de lastres, listeaux, ou plattes bandes de marbre de diuerses couleurs ornees de moulures et sculptures conformes au reste de l'œuure et rapportés proprement sur le fond blanc de la muraille, où ne se uoyoit qu'histoires taillees et toutes batailles à demy relief. Ce qu'ayans admiré de prime face, et après auoir estimé en leur fantaisie la singularité de l'ouurage en fin ils défirent, brisèrent et rompirent pour s'en seruir comme ils auoyent faicte du demeurant. Outre ceste salle, ils treuuerent apres une porte basse qui conduisoit à une autre, comme autre chambre, où il y auoit *un sépulcre* avec son vase et son tymbre de marbre blanc fort beau et reluysant à mereuilles, lequel pour n'auoir pas eu assez de temps, ils ne descouurirent la restraicte estant desia sonnee........ »

Mais le lendemain nos explorateurs improvisés reconnurent qu'ils s'étaient arrêtés en trop beau chemin, car ils trouvèrent le tombeau vidé. Le sol était jonché de petits morceaux *de drap* et de paillettes d'or. Ils présumèrent que des écumeurs de mer, qui parcouraient alors la côte, ayant eu vent de cette découverte, étaient venus nuitamment lever le couvercle du sarcophage d'où, selon un bruit qui courait, ils avaient enlevé un trésor. Telle devait être la singulière destinée des cendres de Mausole. Après tant de solennités, après vingt siècles d'oubli dans les ruines de l'ancienne cité, une nuit quelques obscurs voleurs devaient venir les disperser dans l'espoir de trouver à côté quelque chose qui valût la la peine d'être emporté.

Guichard est le dernier historien qui mentionne le Tombeau d'Halicarnasse. Après le pillage qu'il nous raconte, les ruines du superbe Mausolée furent si bien recouvertes par l'alluvion, et ses traces si bien perdues que plusieurs savants qui, de nos jours, se vouèrent à l'investigation des lieux, ne surent pas reconnaître son ancien emplacement.

II.

Par une étude approfondie des auteurs anciens. M. C. T. Newton, actuellement conservateur des antiquités grecques et romaines au Musée Britannique, était arrivé à indiquer, dès 1848, de la manière la plus exacte l'ancienne position du Mausolée. En 1857, il put enfin, grâce au concours libéral de son gouvernement, entreprendre des fouilles qui devaient avoir le plus heureux résultat. Appuyé par le titre de vice-consul à Mytilène et ayant à sa disposition trois bâtiments de l'Etat il mit les équipages de ceux-ci à l'œuvre pour commencer les travaux. — Des fragments de la frise, un bras colossal et un lion, retrouvés dès les premières recherches à l'emplacement indiqué, lui prouvèrent que ses appréciations topographiques étaient exactes. Des fûts brisés de colonnes montraient dans leur caractère d'ornementation une ressemblance évidente avec le temple de Priène lequel, comme nous l'avons déjà fait remarquer, paraît avoir été construit par le même architecte que le Mausolée. Bientôt surgit de terre une statue équestre de dimensions colossales. Puis le déplacement des débris conduisit les explorateurs jusqu'aux fondations du bâtiment.

Le roc avait été taillé par le maçon de Pythius de manière à former une surface plane pour servir d'assise aux murailles. Où le roc avait manqué on avait suppléé par d'énormes blocs longitudinaux. Cette surface se trouve aujourd'hui de deux à seize pieds au-dessous des campagnes environnantes. Dans les plans où le niveau n'avait pu être conservé, on s'était servi de pierres plates d'un pied d'épaisseur. Au-dessous de ces fondations gigantesques, le roc était sillonné par un grand nombre d'étroits passages circulant irrégulièrement autour de l'édifice et interrompus, de place en place, par des puits profonds servant à l'écoulement des eaux.

A l'Ouest du monument, on découvrit douze degrés taillés dans le roc et descendant sur la déclivité de la montagne du Théâtre au Mausolée. Entre le pied de ces degrés et les ruines se retrouvèrent plusieurs vases d'albâtre, comme ceux dont les anciens faisaient usage pour les cosmétiques de haut prix, et des figurines votives en terre cuite, ainsi que des ossements de bœuf, tous restes probablement de sacrifices funéraires. Les degrés du roc ont pu servir à descendre en cérémonie les restes mortels du roi depuis la montagne jusqu'au lieu de repos, car c'est au côté occidental du Mausolée qu'était située la grande entrée de ce qu'on doit appeler le tombeau proprement dit. Une pierre gigantesque d'un poids de vingt tonnes avait été soigneusement posée à la place à laquelle elle fut retrouvée. Les côtés de cette pierre sont entaillés comme s'ils avaient dû recevoir des pierres voisines en saillie. Après avoir été descendue d'en haut et placée, on l'avait fixée au moyen de verrous en bronze. Derrière cette pierre, et immédiatement sur les fondations, était la grande salle funéraire. La grosse pierre une fois abaissée, le sarcophage royal était isolé à jamais. Mais cela n'excluait pas la possibilité d'une seconde entrée par l'intérieur du bâtiment, connue seulement de quelques parents du défunt. C'est peut-être par quelque mystérieux passage de ce genre que les chevaliers de Rhodes pénétrèrent jusqu'au cercueil en 1522.

Derrière la grande pierre on recueillit un vase d'albâtre sur lequel on voit un cartouche égyptien accompagné d'inscriptions en caractères cunéiformes. Nous n'aurions pu que difficilement contrôler ce qui a été dit sur ce vase, si notre savant collègue M. Joachim Ménant ne nous avait obligeamment prêté le concours de ses lumières. Il a ainsi interprété l'inscription :

Khsayârsâ Khsayathiya Vasarka.

(*Xerxès le grand roi*)

formule déjà attribuée à Xerxès dans l'inscription inscrite sur les rochers de l'Elvend (*), mais alors suivie du titre de *roi des rois* et de quelques autrés, que leur longueur sans doute ne permettait pas de reproduire ici.

Nous devons encore à M. Ménant la note suivante sur le vase et ses inscriptions :

« Ce vase en tout semblable à celui qui existe à Paris à la Bibliothèque impériale et qui a été décrit depuis longtemps par le comte de Caylus appartient au règne de Xerxès.(**) On

---

(*) J. Ménant. *Exposé des éléments de la Grammaire Assyrienne.* Paris 1868. Imprimerie impériale.

(**) Voyez sur les inscriptions du vase de Xerxès :

Caylus, *Recueil dAntiquités*, etc. 2 V. p. 30.

Grotefend, *Neue Betræge* 3. 15. 20 Taf. II N° III.

Heeren, *vol.* II. p. 230 et 340.

Lassen, *Zelschrift*, etc. p. 145.

Rawlinson, *Journal of the Royal asiatic Society* 2 X. Pl. II. p. 339.

Benfay, *Die Pers. Keilins.* p. 66.

Oppert, *Inscriptions des Achéménides* p. 287.

Spiegel, *Die altpersischen Keilinsch.* p. 62.

De Rosny, *Les écritures des différents peuples.* p. 58.

Ménant, *Le syllabaire assyrien,* dans les *Mémoires de l'Académie des Inscriptions et Belles-Lettres.* sav. étrang. 1ʳᵉ série 2. VII. 1ʳᵉ partie p. 90.

lit, en effet, dans le cartouche Egyptien le nom de ce mo-
narque :

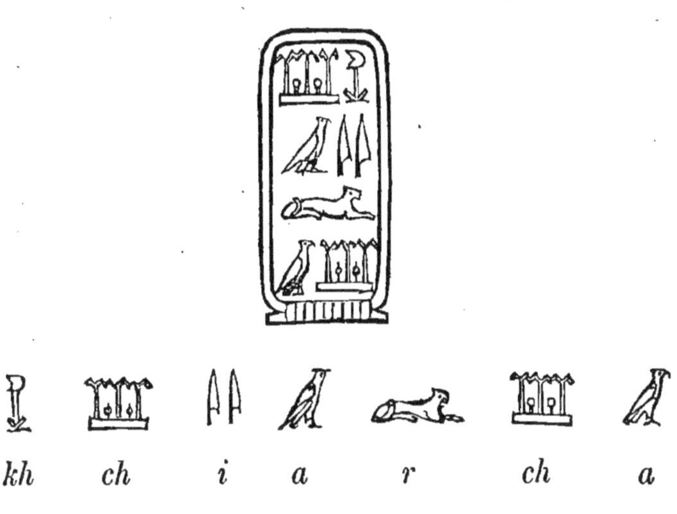

kh   ch   i   a   r   ch   a

Cette lecture, qui a été proposée pour la première fois par
Champollion le jeune, est depuis longtemps acquise à la
science.

Les inscriptions, en caractères cunéiformes, reproduisent,
dans les trois langues propres aux inscriptions de la Perse,
le nom du vaincu de Salamine. L'inscription Perse nous
donne ce nom dans sa forme originelle :

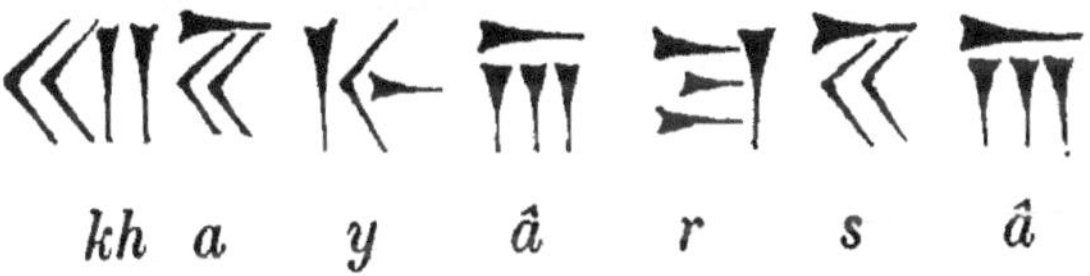

kh a   y   â   r   s   â

» Que ce nom soit écrit en Perse *khayârsâ*, en Egyptien *Khchiarcha*, avec des caractères hiéroglyphiques, ou
en pointes de flèche, c'est bien le même nom que le grec
Ξέρξης et le copte

ⲭ̅ⲩ̅ⲏⲣ̅ⲱ

ont beaucoup moins estropié que la transcription hébraïque

אחשורוש (*) qui l'avait caché depuis Joseph jusqu'à nos jours et dont la forme assyrienne

hi - si - ' - ar - si '

nous a donné l'explication. »

Xerxès, qui vivait plus d'un siècle avant Mausole, n'a jamais pu avoir rien de commun avec lui. Mais il est permis de supposer que ce vase avait été conservé dans la famille du satrape carien comme un don de Xerxès à la première Artémise, laquelle avait sauvé les enfants de celui-ci après la catastrophe de Salamine. La veuve de Mausole aurait alors consenti à se séparer de ce précieux souvenir pour en faire hommage aux mânes de son bien-aimé frère et époux.

Le lit rocheux du monument étant dégagé, on trouva tout le long de ses bords des fragments de frises et de statues colossales. Parmi les frises, se remarquent quatre plaques juxtaposées recueillies le long de la façade orientale et représentant un sujet continu. Leur bon état de conservation permet de croire qu'elles sont toujours restées à la même place depuis la chute du *Ptéron*. Comme Pline nous dit que Scopas avait orné la façade orientale, nous avons là une œuvre originale de cet illustre maître qui ne peut être révoquée en doute. Le sujet est, comme sur les autres frises, un combat d'Amazones, mais les personnages sont incontestablement supérieurs à ceux des œuvres rivales.

En dirigeant ses travaux au delà du lit de rocher, vers le Nord, M. Newton arriva à un mur en magnifique blocage de marbre blanc, entourant tout le bâtiment et qu'Hyginus appelait le *péribole*. Cette muraille, qui devait avoir environ dix pieds de haut, présentait de nombreuses trouées.

(*) L'Ahasvérus du livre d'Esther, l'Ἀρταξέρξης des Septante.

Au delà du péribole, M. Newton devait recueillir le prix de son intelligente recherche. Il rencontra un monceau de décombres et de blocs plats de marbre blanc. Là le péribole décrivait une courbe comme s'il avait cédé sous un choc violent. Un examen attentif fit reconnaître les blocs de marbre pour des degrés de la pyramide, et les débris de statues pour des fragments du grand quadrige de Pythis. On trouva aussi deux moitiés de chevaux et plusieurs pieds; une tête de cheval fragmentée elle-même en deux pièces dont chacune était encore ornée d'une partie du mors et des harnais en bronze; des restes de chevilles des roues et du timon du char. La queue de l'un des chevaux fut recueillie peu après, non loin de là, dans le jardin d'une habitation turque.

Près du char et des chevaux brisés, on recueillit plusieurs lions entiers, ainsi que le tronc d'un léopard de même taille que les lions. Les taches de la peau du léopard, autrefois peintes probablement, sont bizarrement indiquées par des losanges remplis de lignes croisées profondément entaillées. Des traces de couleur rouge se voyaient encore sur les langues tant du cheval que d'un des lions.

Enfin, on rencontra les restes de deux images colossales : une femme debout, magnifiquement drapée, mais sans tête ni bras ; une tête d'homme privée de l'occiput, mais la face parfaite et entière et les coins des yeux laissant encore voir des traces de peinture. On pensa d'abord, et avec raison, que cette tête était celle de Mausole et avait appartenu à son colosse placé sur le quadrige.

La planche représente cette tête, habilement reproduite et lithographiée par notre aimable confrère M. A. Devaux, de notre ville, telle qu'elle a été rencontrée et avec ses mutilations, d'après un des dessins qu'a bien voulu nous communiquer M. C. T. Newton.

Ainsi M. Newton put se féliciter de la bonne pensée qu'il avait eue de pousser ses recherches si loin du monument. Depuis la chute du quadrige, les débris étaient restés à tèrre ; une riche alluvion s'était étendue sur les monceaux de marbre. Comme personne n'a jamais cherché ni trésors ni marbre en dehors du péribole, ils étaient restés tels quels jusqu'à nos jours. Pénétré de l'importance de ce fait, l'habile explorateur recueillit jusqu'aux plus petites parcelles de marbre et les expédia dans des caisses séparées. C'est à ce soin que nous sommes redevables de la restauration pour ainsi dire miraculeuse de la principale figure de tout le groupe. La statue colossale de Mausole a été restituée presque au complet par la réunion de soixante-cinq fragments.

D'autres morceaux de sculpture furent détachés des murs du château où les avaient placés les chevaliers de Rhodes.

L'examen des débris de la frise confirme ce que l'on sait de la méthode adoptée par les sculpteurs contemporains d'Artémise. Les personnages des sujets étant disposés de manière à être vus à une grande hauteur, les artistes leur avaient donné un extérieur grêle et des extrémités effilées. La position des corps ou des membres, plus ou moins projetés hors du plan, prêtait aux groupes une action plus marquée. Les scènes de combats sont très variées, les attitudes passionnées et presque théâtrales. L'effet était encore augmenté par la couleur et quelques accessoires qui, sans rien ajouter au mérite de l'ouvrage, en augmentaient l'illusion. Les mors, les rênes des chevaux, les ceinturons des guerriers étaient en bronze. Les armes aussi, et celles-ci se projetaient en dehors des plaques de marbre auxquelles elles étaient fixées par des viroles, placées aux mains et aux poignées. — La dorure avait peut-être aussi prêté son éclat à quelques-unes de ces pièces métalliques.

Les sujets de la face orientale, attribuée à Scopas, sont bien supérieurs à ceux des autres côtés. Les guerriers et les Amazones qui y figurent sont de la même taille qu'aux autres faces, mais les chevaux sont un peu plus grands. L'exécution est plus belle quoiqu'à peine un peu plus nourrie. Une des plaques laisse voir une Amazone sur un cheval qui se cabre. Près de là, un jeune soldat blessé au genou et ayant perdu son casque, cherche à parer de son bouclier le coup

mortel dont le menace une guerrière. Un Grec barbu, au
visage farouche, attaque une Amazone debout qui, se renver-
sant en arrière, brandit sa hache pour lui porter un coup
décisif. La figure de la femme est belle et animée d'une
magnifique ardeur. Elle est vue par derrière; sa courte
tunique spartiate s'est échappée de la ceinture, et un effet
d'adresse artistique permet d'apercevoir son sein, son cou et
ses jambes, dont la droite pousse son genou jusqu'au dernier
plan du groupe. Son talon ressort tellement en relief que la
jambe d'un guerrier se trouve placée entre le sol et son pied,
sans toucher la cheville. Car un caractère tout particulier,
une beauté toute spéciale à cette frise entière, est que les
parties du corps tête, jambes, mains sont complétement
détachées en bosse, ce qui a singulièrement facilité leur dégra-
dation. Sur la même plaque, on voit un Grec cherchant à
achever une Amazone renversée.

Une autre laisse voir un cheval à fond de train, les naseaux
ouverts, la tête haute, et monté par une guerrière combat-
tant en fuyant la face retournée. Vers le milieu de la plaque,
un Grec coiffé d'un beau casque se penche vivement en
arrière au moment où une vaillante Amazone, à pied, s'élance
sur lui le manteau déployé, saisit son bouclier et essaie de
le lui enlever, pour lui asséner un coup de hache sur la
tempe droite. Cette scène est vive et animée, et tout y est
naturel. La hache est fouillée dans le marbre, mais la douille
percée indique que le manche devait être en bronze et déta-
ché du plan.

Le peu qui reste de la frise inférieure est particulièrement
bien traité. Cela est dû à ce que cette portion du monument,
destinée à être vue de beaucoup plus près, devait être plus
soignée. Une plaque représentant une femme penchée sur
le bord de son char et lançant quatre chevaux est certainement le plus beau de tous les reliefs du Mausolée. La dra-
perie, la tête, l'oreille ne sont pas sculptées mais réellement
burinées. Cette frise a une hauteur de trois pieds et quelques

pouces, et les personnages sont en demi-nature. Les statues en ronde bosse n'ont rien des formes grêles qu'on peut reprocher aux personnages de la frise. Elles sont, au contraire, dans les proportions les plus belles de l'école athénienne. Parmi ces morceaux, un des premiers découverts, le cavalier en caleçons perses, est des plus remarquables. Malheureusement il est bien incomplet : la tête du cheval et toute la partie supérieure du corps du personnage ont disparu. Malgré ces mutilations regrettables, le groupe est parfaitement vivant. Le cavalier tire fortement sur le cheval. Celui-ci essaie de conserver son point d'appui et se cabre avec effort. Les plis de la peau et les reliefs des veines sont exécutés avec soin, les muscles largement traités. La main du cavalier est rude, osseuse et dessinée de manière à laisser voir tous les muscles. Ses vêtements sont d'une exécution excellente. Comme le poids d'un bloc de marbre tel que celui-ci ne pouvait être supporté par le train de derrière de l'animal, on avait soutenu le groupe à l'aide d'un pilier semblable à ceux qu'on a retrouvé sous d'autres statues équestres de l'antiquité.

Trois figures colossales, tirées du grand amas de marbres trouvés avec les degrés supérieurs de la pyramide, ont été restaurées : le portrait-statue de Mausole, l'un des chevaux du char du quadrige, et une femme ou une divinité féminine représentée debout.

Le cheval du char ne rappelle aucunement ceux du Parthénon. Les têtes de ceux-ci sont idéales, la tête de celui du Mausolée copie la nature. Au lieu de ce crâne large, uni et plat qui caractérise le cheval athénien, celui du cheval de Pythis a toute la rondeur extérieure du vif. Les chevaux du *Monte Cavallo* sont un peu plus modernes, leur mouvement vise évidemment à l'effet. Mais comme fidélité à la nature, le cheval du Mausolée l'emporte. On y reconnait la main d'un maître. — Le mors de bronze, encore entre les dents et attaché à un fragment du même métal, permet de supposer que les rênes étaient aussi en bronze.

Si la tête de la statue de femme n'était pas perdue, on pourrait prendre cette représentation pour la plus belle pièce, et même pour une des meilleures de l'art athénien. Le bras et le pied droit sont remarquablement beaux. Le port est noble et du style le plus pur. Cette statue était près de celle de Mausole. Aussi, comme elle est plus grande que celle-ci, on pourrait également supposer qu'elle représentait soit la déesse qui protégeait celui qu'on voulait honorer, soit Artémise elle-même. Car il faut remarquer que cette reine ne survécut que deux ans à son époux et que, comme la pyramide et le quadrige ne pouvaient être terminés quand elle mourut, on aurait bien pu la déifier ou lui faire partager les honneurs qu'elle avait destinés à son frère.

Artémise devait en effet passer aux yeux des artistes comme digne d'y participer. Les sculpteurs qui, selon l'expression de Pline, *crurent qu'il y allait de leur dignité de terminer le Mausolée malgré la mort de la veuve du prince et ne quittèrent leur travail que lorsque tout fut fini,* étaient pénétrés de l'importance de leur œuvre et certainement avaient une haute estime pour la mémoire d'une princesse qui leur avait demandé un monument auquel l'art leur paraissait si intéressé qu'ils tenaient à le mener à bonne fin par eux-mêmes. Artémise, d'ailleurs, méritait d'être honorée même sur le chariot de la guerre. Peu après la mort de son époux, elle avait montré qu'elle savait l'art de gouverner par les armes. Les Rhodiens, ayant appris que c'était à une femme qu'ils devaient obéir, se révoltèrent et préparèrent une expédition contre Halicarnasse. La princesse arma sa flotte pour le combat et la fit cacher dans un coin du port d'où elle ne pouvait être aperçue. Par ses ordres, les Rhodiens étant débarqués, les citoyens les reçurent avec des marques d'amitié et firent semblant de vouloir livrer la ville aux insulaires trop crédules. Mais, ceux-ci étant entrés sans défiance, la flotte carienne apparut dans le grand port et captura les navires rhodiens sans coup férir. — Les Cariens allèrent ensuite à Rhodes sur les navires mêmes que ce port avait armés, et une nouvelle surprise châtia les rebelles, dont les plus marquants furent mis à mort.

M. Newton a remarqué pendant ses fouilles que toutes les parties du Mausolée avaient été enrichies de peintures, dans lesquelles l'outremer et le vermillon ou des matières colorantes similaires jouaient un grand rôle. (*)

On peut se représenter l'illusion magique que devait éprouver l'observateur à la vue du monument si élégamment orné de sculptures et de peintures. Sur les énormes blocs du lit de fondation, s'élevait l'immense rectangle du soubassement portant un édifice massif, compact, construit de murs verticaux. Puis s'élançaient des colonnes ioniques à cannelures peintes ; puis les chapiteaux, les corniches, les rubans plats de l'entablement couverts de légers ornements ressortant en couleur. Entre les colonnes, des statues enveloppées dans les plis de draperies riches et bien entendues, des cavaliers maîtrisant leurs chevaux et couverts du somptueux attirail des Perses, le tout chargé de couleurs brillantes. Au-dessus des colonnes, sur la couronne de la corniche, les lions à gueule ouverte, aux langues sanglantes, en diverses attitudes. Encore au-dessus, la pyramide surgissait avec ses degrés à peine perceptibles d'en bas et qu'un cheval à jambes sûres pouvait aisément gravir. Enfin, Mausole auprès de sa divinité protectrice, debout, ferme, calme, d'un galbe admirable, la tête découverte et légèrement relevée, maintenant ses chevaux d'une main vigoureuse ; les lions, le léopard comme des mo-

---

(*) C. T. Newton.— *A History of Discoveries at Halicarnassus, Cnidus and Branchidæ.*— London. Day and son. 1862. — 2 vol. 8ᵉ et un grand atlas. Nous recommandons particulièrement l'examen de ce bel ouvrage aux personnes qui désireraient étudier le Mausolée. Nous devons aussi ajouter que nous sommes redevables de beaucoup aux observations consignées dans une intéressante étude publiée par le *National Review* peu de temps après l'arrivée à Londres des sculptures que M. Newton venait de recueillir à Halicarnasse.

losses royaux près des roues du char de la guerre. Tel était le Mausolée éclairé par le ciel resplendissant de l'Ionie.

Il est pénible de comparer ce spectacle avec celui de tous les morceaux plus ou moins mutilés qu'on voit au Musée britannique. Mais aujourd'hui on peut enfin les examiner convenablement. On les a réunis dans une salle spéciale : *the Mausoleum Room*, entre la Galerie Lycienne et la galerie des marbres du Parthénon, où nous les avons étudiés en Septembre dernier.

Au milieu de la salle, on voit une grande roue restaurée et placée debout. Elle provient du groupe du char de Pythis comme le cheval colossal et la statue de Mausole qui se trouvent tout auprès.

Autour se voient encore dans l'ordre suivant :

Une tête de femme trouvée en dehors du péribole Nord.

Des têtes de lions recueillies en dehors du péribole Nord.

Une tête de femme trouvée sur le péribole Nord. Mieux conservée que la première.

Un lion provenant du château St-Pierre.

La partie basse d'une figure drapée provenant du côté occidental du Mausolée.

Un lion trouvé sur le sommet du mur du péribole Nord et semblable au lion du château.

Une tête barbue, trouvée sous les marches de la pyramide, en dehors du péribole Nord.

La statue équestre du cavalier perse.

Une tête dans le genre perse trouvée au côté Nord du Mausolée.

Un lion du château St-Pierre.

Un torse drapé provenant du côté Sud du Mausolée.

Un lion du château St-Pierre.

Une tête attribuée à Apollon, et trouvée sous les marches de la pyramide, en dehors du péribole Nord.

Un lion du côté Nord du Mausolée.

Un torse drapé, trouvé en dehors du péribole Nord.

Un lion du château St-Pierre.

Une tête trouvée au côté Sud du Mausolée.

Un bélier trouvé en dehors du péribole Nord.

Une frise représentant le combat des Grecs et des Amazones. Le Musée possède dix-sept des plaques de cette frise. Douze d'entr'elles proviennent du château et avaient été enlevées en 1846 et données par le vicomte Stratford de Redcliffe. Quatre ont été trouvées dans les ruines du Mausolée. La dernière a été acquise en 1865 du marquis Serra, de Gênes.

Une frise représentant un combat de Grecs et de Centaures.

Une frise sur laquelle on remarque une course de chariots, peut être la représentation d'une de celles qui eurent lieu aux cérémonies par lesquelles on signala les obsèques de Mausole.

Des groupes en haut-relief pouvant provenir des murs de la *cella*.

Diverses marches de la pyramide.

Des portions de la corniche richement décorées de têtes de lion et d'ornements fleuronnés.

Des portions d'architrave.

Un chapiteau ionique.

Un chapiteau ionique de l'angle du péristyle, sous lequel on voit deux tambours de colonnes.

La base d'une colonne ionique.

Une grande quantité de moulures détachées.

Au bel ouvrage publié par M. Newton sur ses découvertes est ajouté un supplément dans lequel se trouvent les détails d'une restauration du Mausolée, laquelle s'accorde parfaitement avec les témoignages des anciens et ceux qui ont été révélés par les découvertes.

Les dimensions de Pline ont été reconnues exactes. On a
calculé que le quadrige avait une hauteur de quatorze pieds
trois pouces au dessus du sommet de la pyramide, et que la
pyramide elle-même était haute de 37 pieds neuf pouces, ce
qui ne donne pour celle-ci qu'une différence de 3 pouces avec
les 25 coudées (37 pieds 6 pouces) indiquées par Pline. En
somme le monument avait une hauteur totale de 140 pieds.

Malgré toutes les magnificences artistiques déployées à
l'occasion de l'érection de ce monument, le personnage en
l'honneur de qui il était élevé ne paraîtra guère sympathique
aux yeux des historiens. Les exactions de Mausole, la conduite singulière et douteuse qu'on lui prête au moment des
révoltes des satrapes contre Artaxerxès, le présentent sous un
jour peu avantageux. Son titre même de roi est des plus con-
testables. D'abord il ne fut jamais, malgré ses velléités de
révolte, que le vassal de la Perse. Puis une inscription découverte à Mylasa montre qu'il n'était revêtu que de la qua-
lité de satrape. Jusqu'à la découverte de sa statue, nous n'a-
vions son portrait que sur quelques monnaies, et il est intéressant de chercher aujourd'hui à étudier les traits de sa
physionomie.

Nous avons dit qu'on avait reconstitué le personnage avec
les soixante-cinq fragments retrouvés. Il ne lui manque que
le derrière de la tête, un pied et le bras, dont on peut cependant déterminer facilement la position.

Les longs plis qui entourent la statue sont si bien conçus
qu'ils pourraient soutenir la comparaison avec les effets pro-
duits par de véritables vêtements. La tête de Mausole est belle,
intelligente et admirablement rendue. Son caractère indi-
viduel, vivement prononcé, fait reconnaître toute la fidélité
d'un portrait. Le bras droit était élevé pour tenir les rênes,
non sans effort, car le corps s'appuie sur la jambe droite et
le genou gauche fléchit légèrement.

Debout, sur le haut du quadrige, Mausole couronnait dignement, pendant longtemps, le chef-d'œuvre des sculpteurs du siècle d'Alexandre. Aujourd'hui, placé au milieu d'une grande salle du Musée Britannique, il excite l'attention des visiteurs qui se demandent ce qu'ils doivent le plus admirer, ou la supériorité du travail de l'ancien sculpteur, ou la supériorité de l'esprit d'investigation qui a su acquérir de nos jours à la science une si digne conquête.